SAVOIR BIEN

S'ORGANISER

Édition 2020 ©

Comment gagner en productivité grâce à 3 astuces !

Napoléon disait que « le temps est le grand art de l'homme ». Pourquoi semble-t-il au manager, commerciaux, entrepreneur, qu'ils n'en ont jamais assez ? Il y a, à chaque instant, tellement de choses à faire et pas assez de temps pour nous en occuper. Nous avons souvent du mal à établir des priorités. La procrastination improductive nous guette à chaque instant, et le risque de tomber dans la démoralisation est parfois grand. Et pourtant, en tant que leader nous nous devons et nous devons aux autres, d'être exemplaires. La vie professionnelle est une lutte constante entre l'attention et la distraction.

1. Évaluer la manière dont vous utilisez votre temps

Selon La Bruyère, « ceux qui emploient mal leur temps sont les premiers à se plaindre de sa brièveté ». Savez-vous au juste comment vous employez votre temps ? À quelles activités consacrez-vous le plus de temps chaque semaine ? À cette fin, il y a un exercice simple à faire :

Dans le tableau ci-dessous, dénombrer les activités dans laquelle vous êtes engagés au cours de la semaine : Gestion clients, prospection, entretiens/réunion avec vos collaborateurs/supérieurs, déplacements, activité spécialisé à métier, etc.

Au cours de votre semaine, enregistrer le temps passé, le nombre d'heures que vous consacrez chaque jour à chaque activité. La semaine finie, totalisez les colonnes et les lignes puis réaliser un schéma visuel de la répartition de votre temps.

Si cette répartition ne vous semble pas idéale, il est temps de réagir et réorganisé votre temps.

Évaluer la répartition de son temps

Date :

Activités	Lundi	Mardi	Mercredi	Jeudi	Vendredi	Samedi	Dimanche	Total
Total en heures								

Schéma d'utilisation de votre temps (ex : camembert ou histogramme):

2. Muscler votre volonté, museler votre procrastination

La tendance à la procrastination fait partie de la condition humaine. c'est un immense problème qui impacte trop souvent l'efficacité professionnelle. C'est particulièrement grave pour une personne occupant un poste à responsabilité quand la procrastination le conduit à avoir l'air indécis devant ces troupes. Celles-ci s'attendent à ce que le leader leur inspire confiance en se montrant décisif. Il peut toujours y avoir des raisons logiques pour remettre une décision à plus tard, mais si nous sommes motivés uniquement par le désir de différer un moment désagréable, nous sommes proie à la procrastination.

Cette tendance est en partie le produit d'une lutte entre, le cortex préfrontal et les fonctions exécutives, et, des systèmes du cerveau (autrefois étiquetés du nom unique de « système limbique » ou, pire « cerveau reptilien ») qui s'occupe du plaisir ou d'autres facteurs comme la peur ou l'agressivité. Il y a des moments dans la vie où il faut différer la satisfaction pour avoir une meilleure récompense par la suite. Devrions-nous économiser et investir ou dépenser tout de suite ? C'est l'histoire de la cigale et la fourmi ! C'est également la leçon d'une très célèbre expérience dirigé par le chercheur néo-zélandais Walter Mischel, racontée dans son livre *Le Test du marshmallow* (J-C. Lattès). Il a proposé à un grand nombre d'enfants un test : Les enfants recevaient un bonbon à la guimauve et une consigne, si ils attendaient 15 min avant de le manger, ils étaient récompensés par un deuxième bonbon à la guimauve, si il mange le bonbon avant ce délai imparti, il ne recevaient pas de deuxième bonbon.

Résultats : un tiers a succombé immédiatement à la tentation ; un autre tiers a résisté un certain temps avant de succomber à leur tour enfin le dernier tiers a réussi à avoir les deux sucrerie. En suivant la carrière de ces enfants jusqu'à l'age adulte, le chercheur a trouvé que ceux qui ont eu deux bonbons étaient plus riches, en meilleure santé et avaient moins de démêlés judiciaires.

Cette capacités à maîtriser sa volonté était même un meilleur indicateur de la réussite financière d'un enfant que son QI.

Cette maîtrise de soi, c'est précisément ce qui est cultivé dans l'intelligence émotionnelle et la pleine conscience.

« À qui peut se vaincre soi-même : il est peu de chose qui puisse résister » *Louis XIV*

<u>Comment muscler le pourvoir de notre volonté ?</u>

- **Soyez monotâche** ! Cessons de prétendre que nous sommes « multitâches ». Focalisez-vous sur une tâche à la fois.
- Commencer la journée en faisant la **corvée** la plus **antipathique** mais nécessaire. Vous vous sentirez plus productif par la suite.
- Prenez un **engagement**, faites un contrat avec vous même. Prenez une décision qui vous force à travailler sur quelques chose pendant un certain temps.
- Selon piers Steel, un expert sur les problèmes de procrastination, nous nous laissons détourner de nos vrais objectifs par des tentations par des tentations que nous essayer de refouler mais qui refont très vite surface avec plus de force pour nous distraire. Un méthode beaucoup plus efficace pour combattre se phénomène, est ne pas chasser ces tentations mais d'y penser en les situant dans un contexte négatif.
- Pratiquer le « Clean desk », Il faut enlever les sources de distraction (« loin des yeux, loin du cœur »).
- Quand notre corps se fatigue, nous le ressentons dans nos muscles. Quand notre volonté se fatigue, les effets sont moins tangibles. Nous devons ménager le pouvoir de notre volonté. Il vaut mieux **diviser une tâche importante en étapes** ; faire des pauses et ne pas fêter la victoire trop tôt.

3. Établir ces priorités efficacement

Utiliser un outil militaire, la matrice attribuée au président Eisenhower, le célèbre général qui a planifié le débarquement en Normandie en 1944. C'est dire s'il connaissait quelque chose à l'organisation ! Le principe en est que ce qui est urgent n'est pas toujours important, et ce qui est important n'est pas toujours urgent.

	Pas important	important
Urgent	Urgent mais pas important -Déléguer ou différer	Aussi important qu'urgent -Traiter immédiatement
Pas urgent	Pas urgent et pas important -différer, déléguer ou supprimer	Important mais pas urgent - à différer/planifier

Avec ces quatre catégorisations et les quatre types de réponses : faire, différer, déléguer et supprimer, il devient plus facile d'établir des priorités rationnelles.

Quatre autres astuces pour optimisez votre temps :
- **Préparez votre journée du lendemain** ! Vous consolidez ainsi ce que vous avez accompli aujourd'hui et vous mettez en place le nécessaire pour le jour suivant. Vous finissez votre journée tranquille et en arrivant le lendemain matin, vous commencez sur les chapeaux de roues !
- **Ne prolongez pas** les entretiens clients/collaborateurs ou réunions au-delà de **l'heure fixée** pour leur durée. Annoncez à l'avance l'heure qui sera respectée.

- **N'acceptez pas** qu'on vous impose **des délais** que vous **savez ne pas pouvoir tenir**. Ne dites ni « Oui », ni « Je ne sais… » Cette dernière réponse fait croire à votre interlocuteur que c'est faisable avec un peu de pression de sa part. Répondez plutôt : « vous le voulez pour quand ? » ou « Je peux le faire, mais pas avant de terminer X… Si ce délia n'est pas commode pour vous, quelles alternatives suggérez-vous ? »

- Éviter de dédier du temps à une tâche seulement pour décider de s'en occuper plus tard. S'il n'y a pas d'obstacle matériel à la réalisation immédiate de cette tâche, vous prolongez inutilement le temps total que vous y allouer.

Pour aller plus loin
David Allen, S'organiser pour réussir (Alisio)
Piers Steel, Procrastination. Pourquoi remet-on à demain ce qu'on peut faire aujourd'hui ? (Édition privé).
Roy F. Baumeister, John Tierney, Le Pouvoir de la volonté : La nouvelle science du self-control (Markus Haller)

Nom du projet : ....Date : ....

Deadline/échéance du projet : ....

Liste des Tâches à répartir dans la matrice, colonne de gauche, à droite la division de ces tâches :

1.

2.

3.

4.

5.

6.

Matrice d'Eisenhower

	Important	Pas important
Urgent	1. Traiter immédiatement :	3. Déléguer ou Différer :
Pas urgent	2. Différer/Planifier :	4. Supprimer ou Déléguer :

Nom du projet : ....Date : ....

Deadline/échéance du projet : ....

Liste des Tâches à répartir dans la matrice, colonne de gauche, à droite la division de ces tâches :

1.

2.

3.

4.

5.

6.

Matrice d'Eisenhower

	Important	Pas important
Urgent	1. Traiter immédiatement :	3. Déléguer ou Différer :
Pas urgent	2. Différer/Planifier :	4. Supprimer ou Déléguer :

Nom du projet : ....Date : ....

Deadline/échéance du projet : ....

Liste des Tâches à répartir dans la matrice colonne de gauche, à droite la division de ces tâches :

1.

2.

3.

4.

5.

6.

Matrice d'Eisenhower

	Important	Pas important
Urgent	1. Traiter immédiatement :	3. Déléguer ou Différer :
Pas urgent	2. Différer/Planifier :	4. Supprimer ou Déléguer :

Nom du projet : .... Date : ....

Deadline/échéance du projet : ....

Liste des Tâches à répartir dans la matrice colonne de gauche, à droite la division de ces tâches :

1.	
2.	
3.	
4.	
5.	
6.	

Matrice d'Eisenhower

	Important	Pas important
Urgent	1. Traiter immédiatement :	3. Déléguer ou Différer :
Pas urgent	2. Différer/Planifier :	4. Supprimer ou Déléguer :

Nom du projet : ....Date : ....
Deadline/échéance du projet : ....
Liste des Tâches à répartir dans la matrice colonne de gauche, à droite la division de ces tâches :

1.

2.

3.

4.

5.

6.

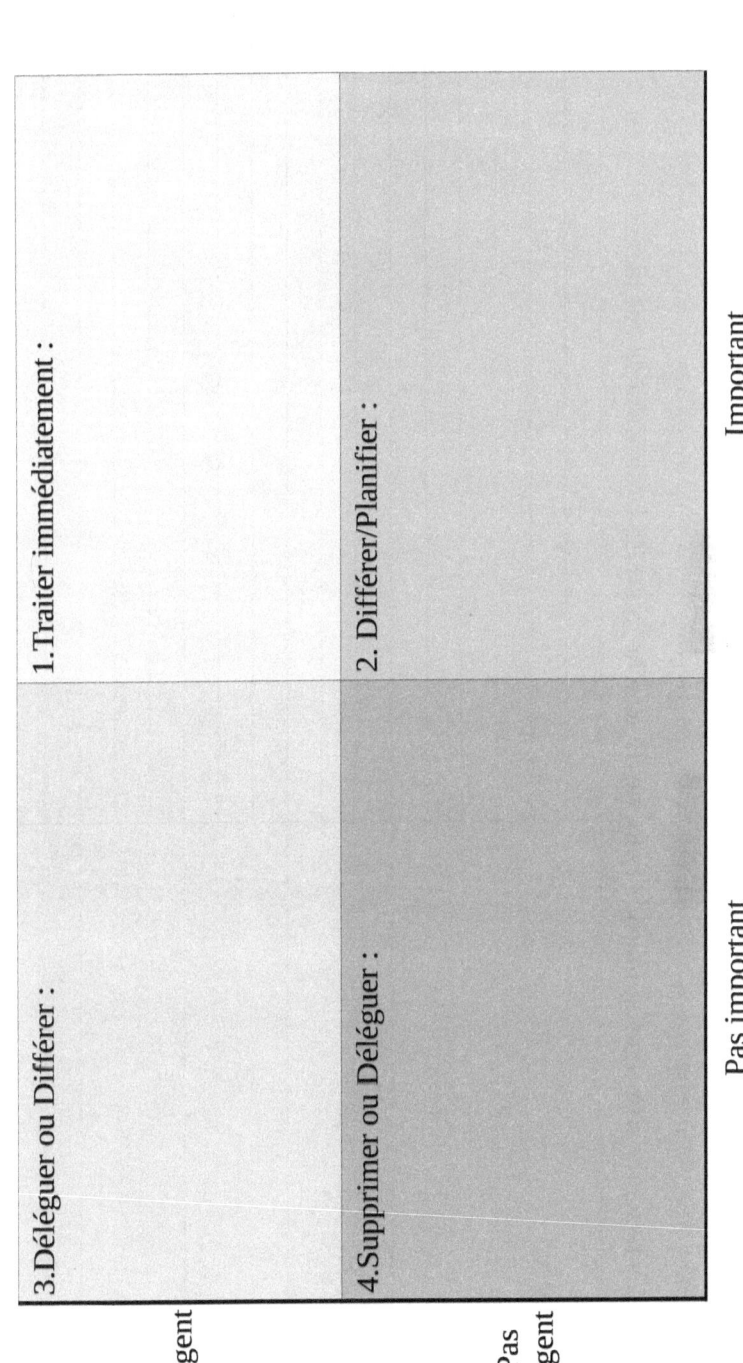

Nom du projet : ....Date : ....

Deadline/échéance du projet : ....

Liste des Tâches à répartir dans la matrice colonne de gauche, à droite la division de ces tâches :

1.

2.

3.

4.

5.

6.

Matrice d'Eisenhower

	Important	Pas important
Urgent	1. Traiter immédiatement :	3. Déléguer ou Différer :
Pas urgent	2. Différer/Planifier :	4. Supprimer ou Déléguer :

Nom du projet : .... Date : ....

Deadline/échéance du projet : ....

Liste des Tâches à répartir dans la matrice colomne de gauche, à droite la division de ces tâches :

1.

2.

3.

4.

5.

6.

Matrice d'Eisenhower

	Important	Pas important
Urgent	1. Traiter immédiatement :	3. Déléguer ou Différer :
Pas urgent	2. Différer/Planifier :	4. Supprimer ou Déléguer :

Nom du projet : ....Date : ....

Deadline/echéance du projet : ....

Liste des Tâches à répartir dans la matrice colonne de gauche, à droite la division de ces tâches :

1.

2.

3.

4.

5.

6.

Matrice d'Eisenhower

	Important	Pas important
Urgent	1. Traiter immédiatement :	3. Déléguer ou Différer :
Pas urgent	2. Différer/Planifier :	4. Supprimer ou Déléguer :

Nom du projet : ....Date : ....

Deadline/échéance du projet : ....

Liste des Tâches à répartir dans la matrice colonne de gauche, à droite la division de ces tâches :

1.

2.

3.

4.

5.

6.

Matrice d'Eisenhower

	Important	Pas important
Urgent	1. Traiter immédiatement :	3. Déléguer ou Différer :
Pas urgent	2. Différer/Planifier :	4. Supprimer ou Déléguer :

Nom du projet : ....Date : ....

Deadline/échéance du projet : ....

Liste des Tâches à répartir dans la matrice colonne de gauche, à droite la division de ces tâches :

1.

2.

3.

4.

5.

6.

Matrice d'Eisenhower

	Important	Pas important
Urgent	1. Traiter immédiatement :	3. Déléguer ou Différer :
Pas urgent	2. Différer/Planifier :	4. Supprimer ou Déléguer :

Nom du projet : ....Date : ....

Deadline/échéance du projet : ....

Liste des Tâches à répartir dans la matrice colonne de gauche, à droite la division de ces tâches :

1.

2.

3.

4.

5.

6.

Matrice d'Eisenhower

	Important	Pas important
Urgent	1. Traiter immédiatement :	3. Déléguer ou Différer :
Pas urgent	2. Différer/Planifier :	4. Supprimer ou Déléguer :

Nom du projet : ....Date : ....

Deadline/échéance du projet : ....

Liste des Tâches à répartir dans la matrice colonne de gauche, à droite la division de ces tâches :

1.

2.

3.

4.

5.

6.

Matrice d'Eisenhower

	Important	Pas important
Urgent	1. Traiter immédiatement :	3. Déléguer ou Différer :
Pas urgent	2. Différer/Planifier :	4. Supprimer ou Déléguer :

Nom du projet : ....Date : ....

Deadline/échéance du projet : ....

Liste des Tâches à répartir dans la matrice colonne de gauche, à droite la division de ces tâches :

1.

2.

3.

4.

5.

6.

Matrice d'Eisenhower

	Important	Pas important
Urgent	1. Traiter immédiatement :	3. Déléguer ou Différer :
Pas urgent	2. Différer/Planifier :	4. Supprimer ou Déléguer :

Nom du projet : ....Date : ....

Deadline/échéance du projet : ....

Liste des Tâches à répartir dans la matrice colonne de gauche, à droite la division de ces tâches :

1.

2.

3.

4.

5.

6.

Matrice d'Eisenhower

	Important	Pas important
Urgent	1. Traiter immédiatement :	3. Déléguer ou Différer :
Pas urgent	2. Différer/Planifier :	4. Supprimer ou Déléguer :

Nom du projet :..................................Date :..................................

Deadline/échéance du projet :..................................

Liste des Tâches à répartir dans la matrice colonne de gauche, à droite la division de ces tâches :

1.

2.

3.

4.

5.

6.

Matrice d'Eisenhower

	Important	Pas important
Urgent	1. Traiter immédiatement :	3. Déléguer ou Différer :
Pas urgent	2. Différer/Planifier :	4. Supprimer ou Déléguer :

Nom du projet : ....Date : ....

Deadline/échéance du projet : ....

Liste des Tâches à répartir dans la matrice colonne de gauche, à droite la division de ces tâches :

1.	
2.	
3.	
4.	
5.	
6.	

Matrice d'Eisenhower

	Important	Pas important
Urgent	1. Traiter immédiatement :	3. Déléguer ou Différer :
Pas urgent	2. Différer/Planifier :	4. Supprimer ou Déléguer :

Nom du projet : ....Date : ....
Deadline/échéance du projet : ....
Liste des Tâches à répartir dans la matrice colonne de gauche, à droite la division de ces tâches :

1.

2.

3.

4.

5.

6.

Matrice d'Eisenhower

	Important	Pas important
Urgent	1. Traiter immédiatement :	3. Déléguer ou Différer :
Pas urgent	2. Différer/Planifier :	4. Supprimer ou Déléguer :

Nom du projet : ....Date : ....

Deadline/échéance du projet : ....

Liste des Tâches à répartir dans la matrice colonne de gauche, à droite la division de ces tâches :

1.

2.

3.

4.

5.

6.

Matrice d'Eisenhower

	Important	Pas important
Urgent	1. Traiter immédiatement :	3. Déléguer ou Différer :
Pas urgent	2. Différer/Planifier :	4. Supprimer ou Déléguer :

Nom du projet : ....Date : ....

Deadline/échéance du projet : ....

Liste des Tâches à répartir dans la matrice colonne de gauche, à droite la division de ces tâches :

Liste des tâches	Division
1.	
2.	
3.	
4.	
5.	
6.	

Matrice d'Eisenhower

	Important	Pas important
Urgent	1. Traiter immédiatement :	3. Déléguer ou Différer :
Pas urgent	2. Différer/Planifier :	4. Supprimer ou Déléguer :

Nom du projet : ....Date : ....

Deadline/échéance du projet : ....

Liste des Tâches à répartir dans la matrice colonne de gauche, à droite la division de ces tâches :

1.

2.

3.

4.

5.

6.

Matrice d'Eisenhower

	Important	Pas important
Urgent	1. Traiter immédiatement :	3. Déléguer ou Différer :
Pas urgent	2. Différer/Planifier :	4. Supprimer ou Déléguer :

Nom du projet : .... Date : ....

Deadline/échéance du projet : ....

Liste des Tâches à répartir dans la matrice colonne de gauche, à droite la division de ces tâches :

1.

2.

3.

4.

5.

6.

Matrice d'Eisenhower

	Important	Pas important
Urgent	1. Traiter immédiatement :	3. Déléguer ou Différer :
Pas urgent	2. Différer/Planifier :	4. Supprimer ou Déléguer :

Nom du projet : ....Date : ....

Deadline/échéance du projet : ....

Liste des Tâches à répartir dans la matrice colonne de gauche, à droite la division de ces tâches :

1.

2.

3.

4.

5.

6.

Matrice d'Eisenhower

	Important	Pas important
Urgent	1. Traiter immédiatement :	3. Déléguer ou Différer :
Pas urgent	2. Différer/Planifier :	4. Supprimer ou Déléguer :

Nom du projet : ....Date : ....

Deadline/échéance du projet : ....

Liste des Tâches à répartir dans la matrice colonne de gauche, à droite la division de ces tâches :

1.	
2.	
3.	
4.	
5.	
6.	

Matrice d'Eisenhower

	Important	Pas important
Urgent	1. Traiter immédiatement :	3. Déléguer ou Différer :
Pas urgent	2. Différer/Planifier :	4. Supprimer ou Déléguer :

Nom du projet : ....Date : ....

Deadline/échéance du projet : ....

Liste des Tâches à répartir dans la matrice colonne de gauche, à droite la division de ces tâches :

1.

2.

3.

4.

5.

6.

Matrice d'Eisenhower

	Important	Pas important
Urgent	1. Traiter immédiatement :	3. Déléguer ou Différer :
Pas urgent	2. Différer/Planifier :	4. Supprimer ou Déléguer :

Nom du projet : ....Date : ....

Deadline/échéance du projet : ....

Liste des Tâches à répartir dans la matrice colonne de gauche, à droite la division de ces tâches :

1.	
2.	
3.	
4.	
5.	
6.	

Matrice d'Eisenhower

	Important	Pas important
Urgent	1. Traiter immédiatement :	3. Déléguer ou Différer :
Pas urgent	2. Différer/Planifier :	4. Supprimer ou Déléguer :

Évaluer la répartition de son temps

Date :

Activités	Lundi	Mardi	Mercredi	Jeudi	Vendredi	Samedi	Dimanche	Total
Total en heures								

Schéma d'utilisation de votre temps (ex : camembert ou histogramme):

Nom du projet : ....Date : ....

Deadline/échéance du projet : ....

Liste des Tâches à répartir dans la matrice colonne de gauche, à droite la division de ces tâches :

1.	
2.	
3.	
4.	
5.	
6.	

Matrice d'Eisenhower

	Important	Pas important
Urgent	1. Traiter immédiatement :	3. Déléguer ou Différer :
Pas urgent	2. Différer/Planifier :	4. Supprimer ou Déléguer :

Nom du projet : ....Date : ....

Deadline/échéance du projet : ....

Liste des Tâches à répartir dans la matrice colonne de gauche, à droite la division de ces tâches :

1.

2.

3.

4.

5.

6.

Matrice d'Eisenhower

	Important	Pas important
Urgent	1. Traiter immédiatement :	3. Déléguer ou Différer :
Pas urgent	2. Différer/Planifier :	4. Supprimer ou Déléguer :

Nom du projet : ....Date : ....

Deadline/échéance du projet : ....

Liste des Tâches à répartir dans la matrice colonne de gauche, à droite la division de ces tâches :

1.

2.

3.

4.

5.

6.

Matrice d'Eisenhower

	Important	Pas important
Urgent	1. Traiter immédiatement :	3. Déléguer ou Différer :
Pas urgent	2. Différer/Planifier :	4. Supprimer ou Déléguer :

Nom du projet : ....Date : ....

Deadline/échéance du projet : ....

Liste des Tâches à répartir dans la matrice colonne de gauche, à droite la division de ces tâches :

1.

2.

3.

4.

5.

6.

Matrice d'Eisenhower

	Important	Pas important
Urgent	1. Traiter immédiatement :	3. Déléguer ou Différer :
Pas urgent	2. Différer/Planifier :	4. Supprimer ou Déléguer :

Nom du projet : ....Date : ....

Deadline/échéance du projet : ....

Liste des Tâches à répartir dans la matrice colonne de gauche, à droite la division de ces tâches :

1.

2.

3.

4.

5.

6.

Matrice d'Eisenhower

	Important	Pas important
Urgent	1. Traiter immédiatement :	3. Déléguer ou Différer :
Pas urgent	2. Différer/Planifier :	4. Supprimer ou Déléguer :

Nom du projet : ....Date : ....

Deadline/échéance du projet : ....

Liste des Tâches à répartir dans la matrice colonne de gauche, à droite la division de ces tâches :

1.

2.

3.

4.

5.

6.

Matrice d'Eisenhower

	Important	Pas important
Urgent	1. Traiter immédiatement :	3. Déléguer ou Différer :
Pas urgent	2. Différer/Planifier :	4. Supprimer ou Déléguer :

Nom du projet : ....Date : ....

Deadline/échéance du projet : ....

Liste des Tâches à répartir dans la matrice colonne de gauche, à droite la division de ces tâches :

1.

2.

3.

4.

5.

6.

Matrice d'Eisenhower

	Important	Pas important
Urgent	1. Traiter immédiatement :	3. Déléguer ou Différer :
Pas urgent	2. Différer/Planifier :	4. Supprimer ou Déléguer :

Nom du projet : .... Date : ....

Deadline/échéance du projet : ....

Liste des Tâches à répartir dans la matrice colonne de gauche, à droite la division de ces tâches :

1.	
2.	
3.	
4.	
5.	
6.	

Matrice d'Eisenhower

	Important	Pas important
Urgent	1. Traiter immédiatement :	3. Déléguer ou Différer :
Pas urgent	2. Différer/Planifier :	4. Supprimer ou Déléguer :

Nom du projet : ....Date : ....

Deadline/échéance du projet : ....

Liste des Tâches à répartir dans la matrice colonne de gauche, à droite la division de ces tâches :

1.

2.

3.

4.

5.

6.

Matrice d'Eisenhower

	Important	Pas important
Urgent	1. Traiter immédiatement :	3. Déléguer ou Différer :
Pas urgent	2. Différer/Planifier :	4. Supprimer ou Déléguer :

Nom du projet : ....Date : ....

Deadline/échéance du projet : ....

Liste des Tâches à répartir dans la matrice colonne de gauche, à droite la division de ces tâches :

1.

2.

3.

4.

5.

6.

Matrice d'Eisenhower

	Important	Pas important
Urgent	1. Traiter immédiatement :	3. Déléguer ou Différer :
Pas urgent	2. Différer/Planifier :	4. Supprimer ou Déléguer :

Nom du projet : ....Date : ....

Deadline/échéance du projet : ....

Liste des Tâches à répartir dans la matrice colonne de gauche, à droite la division de ces tâches :

1.	
2.	
3.	
4.	
5.	
6.	

Matrice d'Eisenhower

	Important	Pas important
Urgent	1. Traiter immédiatement :	3. Déléguer ou Différer :
Pas urgent	2. Différer/Planifier :	4. Supprimer ou Déléguer :

Nom du projet : ....Date : ....

Deadline/échéance du projet : ....

Liste des Tâches à répartir dans la matrice colonne de gauche, à droite la division de ces tâches :

1.

2.

3.

4.

5.

6.

Matrice d'Eisenhower

	Important	Pas important
Urgent	1. Traiter immédiatement :	3. Déléguer ou Différer :
Pas urgent	2. Différer/Planifier :	4. Supprimer ou Déléguer :

Nom du projet : ....Date : ....
Deadline/échéance du projet : ....
Liste des Tâches à répartir dans la matrice colonne de gauche, à droite la division de ces tâches :

1.

2.

3.

4.

5.

6.

Matrice d'Eisenhower

	Important	Pas important
Urgent	1. Traiter immédiatement :	3. Déléguer ou Différer :
Pas urgent	2. Différer/Planifier :	4. Supprimer ou Déléguer :

Nom du projet : ....Date : ....

Deadline/échéance du projet : ....

Liste des Tâches à répartir dans la matrice colonne de gauche, à droite la division de ces tâches :

1.

2.

3.

4.

5.

6.

Matrice d'Eisenhower

	Important	Pas important
Urgent	1. Traiter immédiatement :	3. Déléguer ou Différer :
Pas urgent	2. Différer/Planifier :	4. Supprimer ou Déléguer :

Nom du projet : ....Date : ....

Deadline/échéance du projet : ....

Liste des Tâches à répartir dans la matrice colonne de gauche, à droite la division de ces tâches :

1.

2.

3.

4.

5.

6.

Matrice d'Eisenhower

	Important	Pas important
Urgent	1. Traiter immédiatement :	3. Déléguer ou Différer :
Pas urgent	2. Différer/Planifier :	4. Supprimer ou Déléguer :

Nom du projet : ....Date : ....

Deadline/échéance du projet : ....

Liste des Tâches à répartir dans la matrice colonne de gauche, à droite la division de ces tâches :

1.

2.

3.

4.

5.

6.

Matrice d'Eisenhower

	Important	Pas important
Urgent	1. Traiter immédiatement :	3. Déléguer ou Différer :
Pas urgent	2. Différer/Planifier :	4. Supprimer ou Déléguer :

Nom du projet : ....Date : ....

Deadline/échéance du projet : ....

Liste des Tâches à répartir dans la matrice colonne de gauche, à droite la division de ces tâches :

1.

2.

3.

4.

5.

6.

Matrice d'Eisenhower

	Important	Pas important
Urgent	1. Traiter immédiatement :	3. Déléguer ou Différer :
Pas urgent	2. Différer/Planifier :	4. Supprimer ou Déléguer :

Nom du projet : ....Date : ....

Deadline/échéance du projet : ....

Liste des Tâches à répartir dans la matrice colonne de gauche, à droite la division de ces tâches :

1.

2.

3.

4.

5.

6.

Matrice d'Eisenhower

	Important	Pas important
Urgent	1. Traiter immédiatement :	3. Déléguer ou Différer :
Pas urgent	2. Différer/Planifier :	4. Supprimer ou Déléguer :

Nom du projet : ....Date : ....

Deadline/échéance du projet : ....

Liste des Tâches à répartir dans la matrice colonne de gauche, à droite la division de ces tâches :

1.

2.

3.

4.

5.

6.

Matrice d'Eisenhower

	Important	Pas important
Urgent	1. Traiter immédiatement :	3. Déléguer ou Différer :
Pas urgent	2. Différer/Planifier :	4. Supprimer ou Déléguer :

Nom du projet : ....Date : ....

Deadline/échéance du projet : ....

Liste des Tâches à répartir dans la matrice colonne de gauche, à droite la division de ces tâches :

1.	
2.	
3.	
4.	
5.	
6.	

Matrice d'Eisenhower

	Important	Pas important
Urgent	1. Traiter immédiatement :	3. Déléguer ou Différer :
Pas urgent	2. Différer/Planifier :	4. Supprimer ou Déléguer :

Nom du projet : .... Date : ....

Deadline/échéance du projet : ....

Liste des Tâches à répartir dans la matrice colonne de gauche, à droite la division de ces tâches :

1.

2.

3.

4.

5.

6.

Matrice d'Eisenhower

	Important	Pas important
Urgent	1. Traiter immédiatement :	3. Déléguer ou Différer :
Pas urgent	2. Différer/Planifier :	4. Supprimer ou Déléguer :

Nom du projet : ....Date : ....

Deadline/échéance du projet : ....

Liste des Tâches à répartir dans la matrice colonne de gauche, à droite la division de ces tâches :

1.

2.

3.

4.

5.

6.

Matrice d'Eisenhower

	Important	Pas important
Urgent	1. Traiter immédiatement :	3. Déléguer ou Différer :
Pas urgent	2. Différer/Planifier :	4. Supprimer ou Déléguer :

Nom du projet : ....Date : ....

Deadline/échéance du projet : ....

Liste des Tâches à répartir dans la matrice colonne de gauche, à droite la division de ces tâches :

1.	
2.	
3.	
4.	
5.	
6.	

Matrice d'Eisenhower

	Important	Pas important
Urgent	1. Traiter immédiatement :	3. Déléguer ou Différer :
Pas urgent	2. Différer/Planifier :	4. Supprimer ou Déléguer :

Nom du projet : .... Date : ....

Deadline/échéance du projet : ....

Liste des Tâches à répartir dans la matrice colonne de gauche, à droite la division de ces tâches :

1.	
2.	
3.	
4.	
5.	
6.	

Matrice d'Eisenhower

	Important	Pas important
Urgent	1. Traiter immédiatement :	3. Déléguer ou Différer :
Pas urgent	2. Différer/Planifier :	4. Supprimer ou Déléguer :

Nom du projet : ....Date : ....

Deadline/échéance du projet : ....

Liste des Tâches à répartir dans la matrice colonne de gauche, à droite la division de ces tâches :

1.

2.

3.

4.

5.

6.

Matrice d'Eisenhower

	Important	Pas important
Urgent	1. Traiter immédiatement :	3. Déléguer ou Différer :
Pas urgent	2. Différer/Planifier :	4. Supprimer ou Déléguer :

Nom du projet : ....Date : ....

Deadline/échéance du projet : ....

Liste des Tâches à répartir dans la matrice colonne de gauche, à droite la division de ces tâches :

1.

2.

3.

4.

5.

6.

Matrice d'Eisenhower

	Important	Pas important
Urgent	1. Traiter immédiatement :	3. Déléguer ou Différer :
Pas urgent	2. Différer/Planifier :	4. Supprimer ou Déléguer :

NOTES

NOTES

NOTES

NOTES

www.ingramcontent.com/pod-product-compliance
Lightning Source LLC
Chambersburg PA
CBHW020438220526
45464CB00002B/756